Que lambança!

ANA MARIA MACHADO

Que lambança!

Ilustrações de
DENISE FRAIFELD

SALAMANDRA

Henrique foi com Isadora
brincar na casa da avó,
coisa bem mais divertida
do que ir no Tororó.

— Vamos, maninha, vamos,
 com massinha brincar.
Depois, com papel e tinta
pintam até enjoar.

Ganham manga para o lanche.
Comem bolo, chocolate.
Em seguida estão lá fora,
pirulito que bate-bate.

– Vou subir na goiabeira.
– E eu vou comer amora.
Fazem zig-zig-zá
o Henrique e a Isadora.

Nessa rua não tem bosque,
mas tem horta e tem jardim.
– Posso ajudar com as plantas?
– Deixa um pouquinho pra mim.

Plantam semente na terra.
Molham grama com a mangueira.
Dona Chica admirou-se
quando viu tanta sujeira.

— Oi, oi, oi, que cara preta,
nem parece de criança.
Mostre aqui o seu pezinho...
Quanta lama, que lambança!

Será que são os três ursos
enquanto não esfria o mingau?
O pai, a mãe e o ursinho
caídos num lamaçal?

Será que são três porquinhos
botando o pião no chão?
— Nada disso, são meus netos.
 E um cachorro lambão.

— Já sei o que vou fazer,
 decisão está tomada.
 O que vocês precisavam
 é de uma boa lavada.

— Que tal um banho de espuma?
Mas então a avó lembrou
da bagunça de outra vez,
de como o banheiro ficou.

Numa banheira bem cheia –
peixe, patinho, uma tralha... –
a Isadora resolveu
lavar roupa – até toalha.

Para os bonecos do Henrique
com vontade de surfar
ele fez foi muita onda:
com água pra lá e cá.

– É bom proteger a casa
 pra não inundar o chão,
 já que não posso dar banho
 na palma da minha mão.

Melhor mangueira e esguicho,
um bom banho no quintal.
Cachorro e avó ensopados,
uma molhação geral.

Depois, foi a vez dos netos
com bolinha de sabão,
fazendo uma cantoria
e rindo, bão, balalão.

— Se eu fosse peixinho
soubesse nadar
banhava os meus netos
no fundo do mar.

— Mas como não sou peixinho
nem sei voar pelo céu
só penteio seu cabelo
em trança de Rapunzel.

Camisa limpa no Henrique,
combinando com o calção.
Ficou até parecendo
rei, herói ou capitão.

Na hora que a mãe chegou
tudo já estava acabado.
As crianças bem cheirosas
estavam de banho tomado.

— Ai, mamãe, que trabalheira,
até banho você deu.
Mas depois não vá dizer
que você se arrependeu.

— Trabalho coisa nenhuma,
venham sempre, todo dia.
Como poderei viver
sem a sua companhia?

Ana Maria Machado sempre teve nas palavras um instrumento de trabalho. Foi professora, tradutora, jornalista, mas o que ela mais gosta de fazer é escrever histórias, para crianças, jovens e adultos.

Sua valiosa obra já recebeu inúmeros prêmios literários, e é reconhecida não somente aqui, mas também no exterior. São mais de cem livros publicados no Brasil e em dezessete países. Ana Maria ganhou em 2000 o prêmio internacional Hans Christian Andersen, considerado mundialmente o mais importante da literatura para crianças e jovens. Em 2003, tornou-se membro da Academia Brasileira de Letras.

Denise Fraifeld gostava muito de desenhar quando pequena: desenhar colorido, desenhar preto-e-branco, desenhar rabiscando, desenhar no cantinho da folha ou na folha inteira. Mais tarde, na adolescência, passou a gostar também de pintura. Já adulta, dedicou-se à arte de ilustrar livros para crianças. Ilustrou mais de quarenta, uns tantos no exterior. Já ilustrou outras histórias da Ana Maria Machado e nesta nova empreitada, o computador foi o seu principal instrumento de arte. Estudou artes plásticas nos Estados Unidos e mora no Brooklyn, em Nova York, com a filha, Gabriela.

texto © Ana Maria Machado, 2004

Coordenação editorial
Lenice Bueno da Silva

Assistência editorial
Fernanda Magalhães

Projeto gráfico
A+ Comunicação

Saída de Filmes
Helio P. de Souza Filho, Marcio H. Kamoto

Impressão
PSP Digital

lote
288396

Dados Internacionais de Catalogação na Publicação (CIP)
(Câmara Brasileira do Livro, SP, Brasil)

Machado, Ana Maria
 Que lambança! / Ana Maria Machado; ilustrações de Denise Fraifeld. — São Paulo: Salamandra, 2004.

 ISBN 85-16-04344-4

 1. Poesias infantis 2. Literatura infanto-juvenil I. Fraifeld, Denise. II. Título.

04-3769 CDD-028.5

Índices para catálogo sistemático:

1. Poesia: Literatura infantil   028.5
2. Poesia: Literatura infanto-juvenil 028.5

Todos os direitos reservados.

Editora Moderna Ltda.
Rua Padre Adelino, 758, Belenzinho,
São Paulo, SP, Brasil, Cep: 03303-904
Tel.: (11) 2790-1300
www.moderna.com.br
Impresso no Brasil
2020